Our Engagement Party

DATE

LOCATION

GUEST

How do you know the couple?

....
....
....
....
....
....

Advice for the couple

....
....
....
....
....
....

Marriage Advice

....
....
....
....
....
....

GUEST

How do you know the couple?

....
....
....
....
....
....

Advice for the couple

....
....
....
....
....
....

Marriage Advice

....
....
....
....
....
....

GUEST

How do you know the couple?

....
....
....
....
....
....

Advice for the couple

....
....
....
....
....
....

Marriage Advice

....
....
....
....
....
....

GUEST

How do you know the couple?

....
....
....
....
....
....

Advice for the couple

....
....
....
....
....
....

Marriage Advice

....
....
....
....
....
....

GUEST

How do you know the couple?

....
....
....
....
....
....

Advice for the couple

....
....
....
....
....
....

Marriage Advice

....
....
....
....
....
....

GUEST

How do you know the couple?

....

....

....

....

....

....

Advice for the couple

....

....

....

....

....

....

Marriage Advice

....

....

....

....

....

....

GUEST

How do you know the couple?

....
....
....
....
....
....

Advice for the couple

....
....
....
....
....
....

Marriage Advice

....
....
....
....
....
....

GUEST

How do you know the couple?

....
....
....
....
....
....

Advice for the couple

....
....
....
....
....
....

Marriage Advice

....
....
....
....
....
....

GUEST

How do you know the couple?

....
....
....
....
....
....

Advice for the couple

....
....
....
....
....
....

Marriage Advice

....
....
....
....
....
....

GUEST

How do you know the couple?

....

....

....

....

....

....

Advice for the couple

....

....

....

....

....

....

Marriage Advice

....

....

....

....

....

....

GUEST

How do you know the couple?

....

....

....

....

....

....

Advice for the couple

....

....

....

....

....

....

Marriage Advice

....

....

....

....

....

....

GUEST

How do you know the couple?

....
....
....
....
....
....

Advice for the couple

....
....
....
....
....
....

Marriage Advice

....
....
....
....
....
....

GUEST

How do you know the couple?

....

....

....

....

....

....

Advice for the couple

....

....

....

....

....

....

Marriage Advice

....

....

....

....

....

....

GUEST

How do you know the couple?

....
....
....
....
....
....

Advice for the couple

....
....
....
....
....
....

Marriage Advice

....
....
....
....
....
....

GUEST

How do you know the couple?

....

....

....

....

....

....

Advice for the couple

....

....

....

....

....

....

Marriage Advice

....

....

....

....

....

....

GUEST

How do you know the couple?

....

....

....

....

....

....

Advice for the couple

....

....

....

....

....

....

Marriage Advice

....

....

....

....

....

....

GUEST

How do you know the couple?

....
....
....
....
....
....

Advice for the couple

....
....
....
....
....
....

Marriage Advice

....
....
....
....
....
....

GUEST

How do you know the couple?

....
....
....
....
....
....

Advice for the couple

....
....
....
....
....
....

Marriage Advice

....
....
....
....
....
....

GUEST

How do you know the couple?

....
....
....
....
....
....

Advice for the couple

....
....
....
....
....
....

Marriage Advice

....
....
....
....
....
....

GUEST

How do you know the couple?

....
....
....
....
....
....

Advice for the couple

....
....
....
....
....
....

Marriage Advice

....
....
....
....
....
....

GUEST

How do you know the couple?

....
....
....
....
....
....

Advice for the couple

....
....
....
....
....
....

Marriage Advice

....
....
....
....
....
....

GUEST

How do you know the couple?

....
....
....
....
....
....

Advice for the couple

....
....
....
....
....
....

Marriage Advice

....
....
....
....
....
....

GUEST

How do you know the couple?

....
....
....
....
....
....

Advice for the couple

....
....
....
....
....
....

Marriage Advice

....
....
....
....
....
....

GUEST

How do you know the couple?

....
....
....
....
....
....

Advice for the couple

....
....
....
....
....
....

Marriage Advice

....
....
....
....
....
....

GUEST

How do you know the couple?

....
....
....
....
....
....

Advice for the couple

....
....
....
....
....
....

Marriage Advice

....
....
....
....
....
....

GUEST

How do you know the couple?

....
....
....
....
....
....

Advice for the couple

....
....
....
....
....
....

Marriage Advice

....
....
....
....
....
....

GUEST

How do you know the couple?

....
....
....
....
....
....

Advice for the couple

....
....
....
....
....
....

Marriage Advice

....
....
....
....
....
....

GUEST

How do you know the couple?

....
....
....
....
....
....

Advice for the couple

....
....
....
....
....
....

Marriage Advice

....
....
....
....
....
....

GUEST

How do you know the couple?

....
....
....
....
....
....

Advice for the couple

....
....
....
....
....
....

Marriage Advice

....
....
....
....
....
....

GUEST

How do you know the couple?

....

....

....

....

....

....

Advice for the couple

....

....

....

....

....

....

Marriage Advice

....

....

....

....

....

....

GUEST

How do you know the couple?

....
....
....
....
....
....

Advice for the couple

....
....
....
....
....
....

Marriage Advice

....
....
....
....
....
....

GUEST

How do you know the couple?

....
....
....
....
....
....

Advice for the couple

....
....
....
....
....
....

Marriage Advice

....
....
....
....
....
....

GUEST

How do you know the couple?

....
....
....
....
....
....

Advice for the couple

....
....
....
....
....
....

Marriage Advice

....
....
....
....
....
....

GUEST

How do you know the couple?

....
....
....
....
....
....

Advice for the couple

....
....
....
....
....
....

Marriage Advice

....
....
....
....
....
....

GUEST

How do you know the couple?

....
....
....
....
....
....

Advice for the couple

....
....
....
....
....
....

Marriage Advice

....
....
....
....
....
....

GUEST

How do you know the couple?

....
....
....
....
....
....

Advice for the couple

....
....
....
....
....
....

Marriage Advice

....
....
....
....
....
....

GUEST

How do you know the couple?

....
....
....
....
....
....

Advice for the couple

....
....
....
....
....
....

Marriage Advice

....
....
....
....
....
....

GUEST

How do you know the couple?

....
....
....
....
....
....

Advice for the couple

....
....
....
....
....
....

Marriage Advice

....
....
....
....
....
....

GUEST

How do you know the couple?

....
....
....
....
....
....

Advice for the couple

....
....
....
....
....
....

Marriage Advice

....
....
....
....
....
....

GUEST

How do you know the couple?

....
....
....
....
....
....

Advice for the couple

....
....
....
....
....
....

Marriage Advice

....
....
....
....
....
....

GUEST

How do you know the couple?

....
....
....
....
....
....

Advice for the couple

....
....
....
....
....
....

Marriage Advice

....
....
....
....
....
....

GUEST

How do you know the couple?

....
....
....
....
....
....

Advice for the couple

....
....
....
....
....
....

Marriage Advice

....
....
....
....
....
....

GUEST

How do you know the couple?

....
....
....
....
....
....

Advice for the couple

....
....
....
....
....
....

Marriage Advice

....
....
....
....
....
....

GUEST

How do you know the couple?

....

....

....

....

....

....

Advice for the couple

....

....

....

....

....

....

Marriage Advice

....

....

....

....

....

....

GUEST

How do you know the couple?

....
....
....
....
....
....

Advice for the couple

....
....
....
....
....
....

Marriage Advice

....
....
....
....
....
....

GUEST

How do you know the couple?

....
....
....
....
....
....

Advice for the couple

....
....
....
....
....
....

Marriage Advice

....
....
....
....
....
....

GUEST

How do you know the couple?

....
....
....
....
....
....

Advice for the couple

....
....
....
....
....
....

Marriage Advice

....
....
....
....
....
....

GUEST

How do you know the couple?

....

....

....

....

....

....

Advice for the couple

....

....

....

....

....

....

Marriage Advice

....

....

....

....

....

....

GUEST

How do you know the couple?

....
....
....
....
....
....

Advice for the couple

....
....
....
....
....
....

Marriage Advice

....
....
....
....
....
....

GUEST

How do you know the couple?

....
....
....
....
....
....

Advice for the couple

....
....
....
....
....
....

Marriage Advice

....
....
....
....
....
....

GUEST

How do you know the couple?

....
....
....
....
....
....

Advice for the couple

....
....
....
....
....
....

Marriage Advice

....
....
....
....
....
....

GUEST

How do you know the couple?

....
....
....
....
....
....

Advice for the couple

....
....
....
....
....
....

Marriage Advice

....
....
....
....
....
....

GUEST

How do you know the couple?

....

....

....

....

....

....

Advice for the couple

....

....

....

....

....

....

Marriage Advice

....

....

....

....

....

....

GUEST

How do you know the couple?

....
....
....
....
....
....

Advice for the couple

....
....
....
....
....
....

Marriage Advice

....
....
....
....
....
....

GUEST

How do you know the couple?

....

....

....

....

....

....

Advice for the couple

....

....

....

....

....

....

Marriage Advice

....

....

....

....

....

....

GUEST

How do you know the couple?

....
....
....
....
....
....

Advice for the couple

....
....
....
....
....
....

Marriage Advice

....
....
....
....
....
....

GUEST

How do you know the couple?

....
....
....
....
....
....

Advice for the couple

....
....
....
....
....
....

Marriage Advice

....
....
....
....
....
....

GUEST

How do you know the couple?

....
....
....
....
....
....

Advice for the couple

....
....
....
....
....
....

Marriage Advice

....
....
....
....
....
....

GUEST

How do you know the couple?

....
....
....
....
....
....

Advice for the couple

....
....
....
....
....
....

Marriage Advice

....
....
....
....
....
....

GUEST

How do you know the couple?

....
....
....
....
....
....

Advice for the couple

....
....
....
....
....
....

Marriage Advice

....
....
....
....
....
....

GUEST

How do you know the couple?

....

....

....

....

....

....

Advice for the couple

....

....

....

....

....

....

Marriage Advice

....

....

....

....

....

....

GUEST

How do you know the couple?

....
....
....
....
....
....

Advice for the couple

....
....
....
....
....
....

Marriage Advice

....
....
....
....
....
....

GUEST

How do you know the couple?

....

....

....

....

....

....

Advice for the couple

....

....

....

....

....

....

Marriage Advice

....

....

....

....

....

....

GUEST

How do you know the couple?

....
....
....
....
....
....

Advice for the couple

....
....
....
....
....
....

Marriage Advice

....
....
....
....
....
....

GUEST

How do you know the couple?

....
....
....
....
....
....

Advice for the couple

....
....
....
....
....
....

Marriage Advice

....
....
....
....
....
....

GUEST

How do you know the couple?

....
....
....
....
....
....

Advice for the couple

....
....
....
....
....
....

Marriage Advice

....
....
....
....
....
....

GUEST

How do you know the couple?

....
....
....
....
....
....

Advice for the couple

....
....
....
....
....
....

Marriage Advice

....
....
....
....
....
....

GUEST

How do you know the couple?

....
....
....
....
....
....

Advice for the couple

....
....
....
....
....
....

Marriage Advice

....
....
....
....
....
....

GUEST

How do you know the couple?

....
....
....
....
....
....

Advice for the couple

....
....
....
....
....
....

Marriage Advice

....
....
....
....
....
....

GUEST

How do you know the couple?

....
....
....
....
....
....

Advice for the couple

....
....
....
....
....
....

Marriage Advice

....
....
....
....
....
....

GUEST

How do you know the couple?

....

....

....

....

....

....

Advice for the couple

....

....

....

....

....

....

Marriage Advice

....

....

....

....

....

....

GUEST

How do you know the couple?

....

....

....

....

....

....

Advice for the couple

....

....

....

....

....

....

Marriage Advice

....

....

....

....

....

....

GUEST

How do you know the couple?

....
....
....
....
....
....

Advice for the couple

....
....
....
....
....
....

Marriage Advice

....
....
....
....
....
....

GUEST

How do you know the couple?

....
....
....
....
....
....

Advice for the couple

....
....
....
....
....
....

Marriage Advice

....
....
....
....
....
....

GUEST

How do you know the couple?

....
....
....
....
....
....

Advice for the couple

....
....
....
....
....
....

Marriage Advice

....
....
....
....
....
....

GUEST

How do you know the couple?

....
....
....
....
....
....

Advice for the couple

....
....
....
....
....
....

Marriage Advice

....
....
....
....
....
....

GUEST

How do you know the couple?

....
....
....
....
....
....

Advice for the couple

....
....
....
....
....
....

Marriage Advice

....
....
....
....
....
....

GUEST

How do you know the couple?

....
....
....
....
....
....

Advice for the couple

....
....
....
....
....
....

Marriage Advice

....
....
....
....
....
....

GUEST

How do you know the couple?

....

....

....

....

....

....

Advice for the couple

....

....

....

....

....

....

Marriage Advice

....

....

....

....

....

....

GUEST

How do you know the couple?

....
....
....
....
....
....

Advice for the couple

....
....
....
....
....
....

Marriage Advice

....
....
....
....
....
....

GUEST

How do you know the couple?

....
....
....
....
....
....

Advice for the couple

....
....
....
....
....
....

Marriage Advice

....
....
....
....
....
....

GUEST

How do you know the couple?

....
....
....
....
....
....

Advice for the couple

....
....
....
....
....
....

Marriage Advice

....
....
....
....
....
....

How do you know the couple?

....
....
....
....
....
....

Advice for the couple

....
....
....
....
....
....

Marriage Advice

....
....
....
....
....
....

GUEST

How do you know the couple?

....
....
....
....
....
....

Advice for the couple

....
....
....
....
....
....

Marriage Advice

....
....
....
....
....
....

GUEST

How do you know the couple?

....
....
....
....
....
....

Advice for the couple

....
....
....
....
....
....

Marriage Advice

....
....
....
....
....
....

GUEST

How do you know the couple?

....
....
....
....
....
....

Advice for the couple

....
....
....
....
....
....

Marriage Advice

....
....
....
....
....
....

GUEST

How do you know the couple?

....
....
....
....
....
....

Advice for the couple

....
....
....
....
....
....

Marriage Advice

....
....
....
....
....
....

GUEST

How do you know the couple?

....

....

....

....

....

....

Advice for the couple

....

....

....

....

....

....

Marriage Advice

....

....

....

....

....

....

GUEST

How do you know the couple?

....

....

....

....

....

....

Advice for the couple

....

....

....

....

....

....

Marriage Advice

....

....

....

....

....

....

GUEST

How do you know the couple?

....
....
....
....
....
....

Advice for the couple

....
....
....
....
....
....

Marriage Advice

....
....
....
....
....
....

GUEST

How do you know the couple?

....
....
....
....
....
....

Advice for the couple

....
....
....
....
....
....

Marriage Advice

....
....
....
....
....
....

GUEST

How do you know the couple?

....
....
....
....
....
....

Advice for the couple

....
....
....
....
....
....

Marriage Advice

....
....
....
....
....
....

GUEST

How do you know the couple?

....
....
....
....
....
....

Advice for the couple

....
....
....
....
....
....

Marriage Advice

....
....
....
....
....
....

GUEST

How do you know the couple?

....
....
....
....
....
....

Advice for the couple

....
....
....
....
....
....

Marriage Advice

....
....
....
....
....
....

GUEST

How do you know the couple?

....

....

....

....

....

....

Advice for the couple

....

....

....

....

....

....

Marriage Advice

....

....

....

....

....

....

GUEST

How do you know the couple?

....
....
....
....
....
....

Advice for the couple

....
....
....
....
....
....

Marriage Advice

....
....
....
....
....
....

GUEST

How do you know the couple?

....
....
....
....
....
....

Advice for the couple

....
....
....
....
....
....

Marriage Advice

....
....
....
....
....
....

GUEST

How do you know the couple?

....
....
....
....
....
....

Advice for the couple

....
....
....
....
....
....

Marriage Advice

....
....
....
....
....
....

GUEST

How do you know the couple?

....
....
....
....
....
....

Advice for the couple

....
....
....
....
....
....

Marriage Advice

....
....
....
....
....
....

GUEST

How do you know the couple?

....

....

....

....

....

....

Advice for the couple

....

....

....

....

....

....

Marriage Advice

....

....

....

....

....

....

GUEST

How do you know the couple?

....
....
....
....
....
....

Advice for the couple

....
....
....
....
....
....

Marriage Advice

....
....
....
....
....
....

GUEST

How do you know the couple?

....
....
....
....
....
....

Advice for the couple

....
....
....
....
....
....

Marriage Advice

....
....
....
....
....
....

GUEST

How do you know the couple?

....
....
....
....
....
....

Advice for the couple

....
....
....
....
....
....

Marriage Advice

....
....
....
....
....
....

GUEST

How do you know the couple?

....
....
....
....
....
....

Advice for the couple

....
....
....
....
....
....

Marriage Advice

....
....
....
....
....
....

GUEST

How do you know the couple?

....
....
....
....
....
....

Advice for the couple

....
....
....
....
....
....

Marriage Advice

....
....
....
....
....
....

GUEST

How do you know the couple?

....
....
....
....
....
....

Advice for the couple

....
....
....
....
....
....

Marriage Advice

....
....
....
....
....
....

GUEST

How do you know the couple?

....
....
....
....
....
....

Advice for the couple

....
....
....
....
....
....

Marriage Advice

....
....
....
....
....
....

GUEST

How do you know the couple?

....

....

....

....

....

....

Advice for the couple

....

....

....

....

....

....

Marriage Advice

....

....

....

....

....

....

GUEST

How do you know the couple?

....
....
....
....
....
....

Advice for the couple

....
....
....
....
....
....

Marriage Advice

....
....
....
....
....
....

Made in the USA
Columbia, SC
25 March 2025